Atracciones acuáticas

Grace Hansen

EN EL PARQUE DE ATRACCIONES

Abdo Kids Jumbo es una subdivisión de Abdo Kids
abdobooks.com

abdobooks.com

Published by Abdo Kids, a division of ABDO, P.O. Box 398166, Minneapolis, Minnesota 55439.
Copyright © 2019 by Abdo Consulting Group, Inc. International copyrights reserved in all countries.
No part of this book may be reproduced in any form without written permission from the publisher.
Abdo Kids Jumbo™ is a trademark and logo of Abdo Kids.

102018

012019

 THIS BOOK CONTAINS
RECYCLED MATERIALS

Spanish Translator: Maria Puchol

Photo Credits: Alamy, Getty Images, iStock, Shutterstock

Production Contributors: Teddy Borth, Jennie Forsberg, Grace Hansen

Design Contributors: Dorothy Toth, Laura Mitchell

Library of Congress Control Number: 2018953916
Publisher's Cataloging-in-Publication Data

Names: Hansen, Grace, author.

Title: Atracciones acuáticas / by Grace Hansen.

Other title: Water rides

Description: Minneapolis, Minnesota : Abdo Kids, 2019 | Series: En el parque de
    atracciones | Includes online resources and index.

Identifiers: ISBN 9781532183850 (lib. bdg.) | ISBN 9781532184932 (ebook)

Subjects: LCSH: Water--Juvenile literature. | Amusement rides--Juvenile
    literature. | Amusement parks--Juvenile literature. | Spanish language
    materials--Juvenile literature.

Classification: DDC 791.068--dc23

Contenido

Aquellos viejos tiempos

Las primeras atracciones acuáticas se llamaban viejos molinos. A la gente les encantaban, pero no se movían muy rápido.

5

La atracción de los Piratas del Caribe se inauguró en Disneyland en la década de 1960. El recorrido va por un río en una cueva. Está basada en las atracciones de los viejos molinos.

En 1895 se construyó en

Coney Island un tobogán.

Subían las barcas a lo más

alto de la atracción. De ahí

las deslizaban por una rampa

hasta una pequeña **laguna**.

8

9

En 1923 Herbert Sellner de Minnesota construyó uno de las primeros toboganes con agua. Se llamaba *Water-Toboggan Slide*. Los que lo usaron se tiraban en trineos de madera a un lago.

Toboganes y *flumes*

Los toboganes y los **flumes**, son todavía muy populares hoy en día. Splash Mountain, en Disneyland, ¡salpica muchísimo al llegar al agua!

12

13

Rápidos y carreras en el agua

Las atracciones de rápidos tienen menos caída que los toboganes y *flumes*. ¡Pero las aguas llevan mucha fuerza!

Las atracciones de carreras permiten que los visitantes compitan unos contra otros. ¡Algunas son lo suficientemente grandes para 10 personas!

El más grande y el mejor

Mount Kilimanjaro es la atracción acuática más alta del mundo. Mide 164 pies (50 m) de altura. ¡Alcanza la velocidad de 57 millas por hora (91.7 km/h)!

19

Todas las atracciones acuáticas suelen ser populares. ¡Hay parques enteros dedicados sólo a ellas! Por ejemplo, *Happy Magic Water Cube* en Beijing, China.

21

Más datos

- El *Leap of Faith* en el Hotel Atlantis de las Bahamas tiene una caída de 60 pies (18.3 m). Los aventureros que suben, caen por un túnel transparente. ¡El túnel pasa a través de una laguna llena de tiburones!

- ¡*Mammoth Water Coaster* es una de las atracciones acuáticas más largas, con 1,763 pies (537.4 m)!

- La atracción acuática *Mount Kilimanjaro* está en Brasil. Una de cada tres personas decide no tirarse por el tobogán una vez que llegan arriba.

Glosario

Coney Island – parque de atracciones más grande de los Estados Unidos entre 1880 y 1940. Está en Brooklyn, Nueva York.

flume – canal estrecho, profundo y con corriente de agua en su interior.

laguna – piscina artificial o acumulación de agua poco profunda, separada de una masa de agua más grande.

Índice

Abdo Kids
ONLINE
FREE! ONLINE MULTIMEDIA RESOURCES

¡Visita nuestra página
abdokids.com y usa este código
para tener acceso a juegos,
manualidades, videos y mucho más!

24

Código Abdo Kids:
AWK8051